Made in the USA
Las Vegas, NV
05 October 2021

31752662R00070